W0199993

QUESTIONS RÉPONSES ! 7+

Vivre ensemble

écrit par Sylvie Baussier
illustré par Jean-Emmanuel Vermot-Desroches

Nathan

Sommaire

Vivre ensemble, ça veut dire quoi ?

Depuis la préhistoire, l'être humain est un « animal social » : il vit dans des groupes où les individus s'entraident. Aujourd'hui, plus de 7 milliards d'hommes et de femmes cohabitent sur Terre, répartis sur cinq continents : Afrique, Amérique, Asie, Europe et Océanie. Chaque continent est divisé en pays. On en compte environ 200 dans le monde. Vivre ensemble quand on est si nombreux demande de l'organisation !

En 1800, il n'y avait sur Terre qu'un milliard d'humains. En 2015, 7,4 milliards de personnes étaient réparties ainsi : 1,2 milliard en Afrique, 1 milliard en Amérique, 4,4 milliards en Asie, 740 millions en Europe et 39 millions en Océanie. En 2050, nous serons sans doute 9 milliards !

Bonjour !

Hello !

Gœiedag !

God dag !

Environ 6000 langues sont parlées dans le monde. Dans certains pays, comme l'Inde, il en existe des centaines !

Guten Tag !

Qu'est-ce qu'une société ?

C'est un groupe organisé de gens qui partagent un territoire. En général, ce territoire est un pays. Ses habitants ont en commun une histoire, une ou des langues, des valeurs, une nationalité... Pour qu'ils ne se bagarrent pas entre eux au premier problème, ni avec d'autres groupes, il faut des règles : ce sont les lois, auxquelles chacun doit obéir.

Bom dia !

¡ Buenos días !

Comment fonctionne un pays ?

À la tête d'un pays, il y a un chef d'État. Dans une démocratie, ce chef est élu par les citoyens, c'est-à-dire tous les adultes ayant le droit de voter. Il doit les représenter, et il gouverne en leur nom. Il est aidé dans cette tâche par des ministres. Chacun d'entre eux s'occupe d'un domaine précis : la santé, l'économie, la culture, l'agriculture... Parfois, un dirigeant veut garder le pouvoir à tout prix : ce régime politique s'appelle une dictature.

Les citoyens d'une démocratie votent pour les hommes et les femmes politiques qui représentent au mieux leur façon de voir la vie ensemble. Dans le monde moderne, le mot « démocratie » veut dire que le peuple désigne ceux qui le gouvernent.

Les chefs d'État se réunissent régulièrement pour se mettre d'accord. Ces chefs sont soit le président, soit le Premier ministre lorsque le pays a un roi ou une reine à sa tête.

Les pays s'entendent-ils bien ?

Parfois oui, parfois non. Le meilleur moyen de trouver un terrain d'entente, c'est de se parler ! C'est pourquoi chaque État a un ambassadeur dans les autres pays. Des représentants de tous les États se rencontrent et discutent à l'ONU (Organisation des Nations unies) ; d'autre part, des organisations regroupent plusieurs États, comme l'Union européenne et l'Union africaine. Le maximum est fait pour maintenir la paix et éviter une entrée en guerre qui provoquerait souffrances et morts.

Qu'est-ce qu'un citoyen français ?

C'est une personne majeure et de nationalité française. Les étrangers peuvent obtenir la nationalité française à certaines conditions. C'est le cas d'un enfant né en France de parents étrangers et qui y habite depuis l'âge de 8 ans. Un jeune Français devient un citoyen le jour de ses 18 ans. Mieux vaut se préparer à cet événement important ! On peut le faire en lisant un journal d'information adapté aux jeunes, en discutant avec des adultes...

La naissance d'un enfant est déclarée à l'état civil. Cela lui permet d'aller à l'école, d'avoir droit aux soins, d'obtenir une carte d'identité et un passeport.

Les tribunaux font appliquer les lois. Un avocat défend l'accusé, un autre, la victime.

Pourquoi y a-t-il des lois ?

Pour que les règles soient claires et aussi justes que possible ! En effet, chaque personne a des droits et des devoirs, qui sont fixés par les lois. Ces lois sont des textes discutés et votés par les députés et les sénateurs. Elles évoluent au fil du temps, car la société change en permanence. Chaque pays a les siennes.

Les hommes et les femmes qui dirigent le pays se rassemblent en groupes politiques. Le président de l'Assemblée nationale dirige les débats.

INCROYABLE !

La démocratie est née à Athènes au VIe siècle avant J-C. Mais les femmes, les étrangers et les esclaves ne pouvaient pas être citoyens. Seuls les hommes athéniens votaient.

Qui protège les gens ?

La police et la gendarmerie protègent les gens et enquêtent. Une fois que l'enquête a abouti, les tribunaux font appliquer les lois. Une personne déclarée coupable par un tribunal est punie d'une amende ou d'une peine de prison, par exemple. Le but, c'est qu'elle ne recommence pas. L'armée, elle, veille à la sécurité du pays.

Sommes-nous tous égaux ?

Oui : l'égalité est l'une des trois valeurs de la République française, avec la liberté et la fraternité. Ces valeurs sont inscrites dans la Constitution de 1958, qui est un texte très important. Nous sommes tous égaux devant la loi, quelles que soient nos croyances, notre couleur de peau, notre richesse. Chacun est libre de penser ce qu'il veut, de choisir sa religion, de se déplacer. Quant à la fraternité, elle signifie que tout le monde est solidaire, en payant des impôts pour construire des écoles, des routes...

Vivre ensemble, c'est respecter les lois et faire preuve de civilité. La civilité est l'ensemble des petits gestes par lesquels on fait attention aux autres.

À qui appartient la rue ?

La rue appartient à tout le monde, comme les squares et les autres espaces publics. Tout le monde est donc responsable de ces biens communs et doit en prendre soin. Il faut y respecter les règles de vie en société : voitures et vélos roulent selon le Code de la route, les piétons marchent sur le trottoir... Chacun doit agir dans le respect des autres.

Pourquoi les gens se rassemblent-ils parfois ?

Les gens se réunissent parfois dans des lieux publics pour la fête des voisins, la fête de la musique, des rencontres sportives : ils prennent plaisir à discuter, à partager leurs émotions et leurs passions. Ils peuvent aussi se rassembler pour exprimer tous ensemble leur opinion. Lors d'une manifestation, on unit ses forces pour mieux se faire entendre.

La fête de la musique a été créée en France en 1982. Le 21 juin, des concerts gratuits ont lieu dans les espaces publics. En 2014, 120 pays l'ont célébrée !

INCROYABLE !

Plus un lieu public est propre, plus il est fréquenté. Au contraire, s'il est sale, certaines personnes vont l'éviter ; il se dégradera davantage et deviendra désert. C'est la théorie de la « vitre cassée ».

À la maison, qui commande ?

Jusqu'à leur majorité, à 18 ans, les enfants sont sous la protection de leurs parents. Qu'ils vivent ensemble ou non, les deux parents exercent ensemble l'autorité parentale : ils nourrissent leurs enfants, les soignent, choisissent leur école... Ils le font par devoir, mais aussi par amour : même si les membres de la famille ne sont pas toujours d'accord entre eux, le foyer est le plus souvent un lieu de sécurité et d'affection.

Vivre en famille, c'est aussi passer des moments ensemble. Le temps du repas est idéal pour raconter sa journée !

Entre frères et sœurs, c'est toujours la guerre ?

L'un veut écouter de la musique tout seul et l'autre veut jouer ? Tout le monde réclame la salle de bains en même temps ? Il est normal de ne pas toujours être d'accord. Ces petits conflits permettent d'apprendre à échanger. Souvent, il suffit d'établir des règles claires pour que la vie familiale soit aussi harmonieuse que possible.

Toutes les familles se ressemblent-elles ?

Non ! Mais leur fonction est toujours de protéger les enfants et de les aider à grandir, et elles doivent toujours respecter les lois. Il existe des familles avec les deux parents, avec un seul parent (famille monoparentale), avec deux adultes du même sexe (famille homoparentale), deux personnes qui se sont remariées et leurs enfants communs et respectifs (famille recomposée). On parle aussi de famille élargie pour inclure oncles, tantes, cousins, grands-parents… Ces personnes jouent un rôle très important !

INCROYABLE !

Depuis 1975, un couple marié peut divorcer par consentement mutuel. Cela veut dire que les deux personnes décident de se séparer, sans être forcément fâchées.

En France, chacun doit pouvoir trouver sa place dans l'école publique, laïque et gratuite, sans distinction de couleur de peau, de croyance ou d'état de santé. Il existe aussi des écoles privées.

C'est quoi, une école laïque ?

L'école publique donne la même éducation à tous les enfants. Et tous apprennent à vivre ensemble, qu'ils soient juifs, chrétiens, musulmans, athées… De plus, depuis 2004, il est interdit de porter des signes religieux de façon visible au sein de l'école publique : personne ne doit imposer sa croyance aux autres. L'école publique est gratuite, afin que chacun puisse en bénéficier.

En Irlande et au Royaume-Uni, presque toutes les écoles imposent le port d'un uniforme. Cette pratique permet une certaine égalité, loin des modes vestimentaires.

Dans le monde, pour les filles et les garçons, aller à l'école constitue une chance de se construire un avenir.

Pour bien s'entendre à l'école, on fait comment ?

À l'école, chacun doit bien sûr respecter les lois ! Il existe aussi dans chaque établissement scolaire un règlement intérieur, qui fixe les règles de la vie en commun : il faut éteindre son portable en classe, respecter les enfants et les adultes, ne pas abîmer le matériel... Les délégués, élus par les élèves, sont les porte-paroles de la classe.

Peut-on se bagarrer ?

On a le droit de ne pas être d'accord, mais pas celui de frapper ! La meilleure arme pour convaincre est la parole. La violence n'est jamais une solution ! Attention, il existe des violences moins visibles que la bagarre, mais tout aussi douloureuses et interdites : ainsi, certains enfants sont maltraités par des groupes d'élèves. D'autres sont rackettés : on leur vole leur goûter, leur argent... Cela s'appelle du harcèlement. Même si on a peur, il faut en parler à des adultes, pour se protéger et éviter qu'il y ait d'autres victimes.

INCROYABLE !

À pied, à cheval... Pour certains enfants qui habitent des régions isolées, aller à l'école est long et périlleux ! Mais apprendre permet d'être avec les autres et d'espérer sortir de la pauvreté.

L'architecte discute avec ses clients pour leur proposer un projet de maison qui répondra à leurs besoins et correspondra à leur budget.

Comment travaille-t-on avec les autres ?

Le travail rassemble, autour d'une activité commune, des personnes complémentaires : des hommes et des femmes, des jeunes et des gens plus expérimentés. Souvent, toutes ces personnes sont réunies au sein d'une entreprise, qui regroupe différents métiers. Mais certains travaillent de façon indépendante. Ils sont en lien avec des clients, par exemple. Travailler permet de gagner l'argent nécessaire pour vivre, mais aussi de se sentir utile !

Y a-t-il des métiers de filles et des métiers de garçons ?

Ça a longtemps été le cas, mais la société évolue ! Au xxe siècle, les femmes ont peu à peu obtenu le droit d'exercer des métiers autrefois réservés aux hommes : avocat, pilote de ligne, pompier... Certaines sont maintenant mécaniciennes, viticultrices, chefs de chantier. Mais seules 7% des entreprises de plus de 10 salariés sont dirigées par des femmes. Quant aux hommes, on les voit désormais s'occuper de jeunes enfants (enseignant en maternelle, puériculteur...).

INCROYABLE !

Depuis 1976, les femmes ont le droit d'être pompiers, mais on ne dit pas « pompière ». Depuis 1982, les hommes ont le droit de devenir « sage-femme », mais on ne dit pas « sage-homme » !

Pour construire une maison, il faut un architecte, un chef de chantier, un maçon... Et tous travaillent ensemble pour mener à bien ce projet !

Les pauses sont souvent des moments d'échange et de détente.

Chacun fait-il ce qu'il veut ?

Le respect des personnes passe par le respect des lois (il est interdit de voler, par exemple) et par celui de règles de vie. Mieux vaut jeter un papier sale dans une poubelle plutôt que sur le trottoir, tenir la porte plutôt que la fermer à la figure du suivant, accueillir un invité en lui disant « bonjour », s'excuser quand on a bousculé son voisin... La politesse est une nécessité pour bien vivre ensemble chaque jour et rendre la vie plus agréable à tous !

Être poli, ça veut dire être toujours d'accord ?

Pas du tout ! Si on dit « oui » à tout ce qu'affirment les autres, cela signifie que l'on n'a pas d'opinion, qu'on n'ose pas l'exprimer ou qu'on ne sait pas comment la défendre. Chacun a le droit d'avoir un avis, et aussi d'en changer. Il est tout aussi important d'écouter ce que pensent les autres, et d'apprendre à développer des arguments pour avoir des discussions enrichissantes. La politesse est la forme que prend cet échange, dans le respect mutuel.

Peut-on tout accepter ?

Non : la tolérance n'implique pas d'accepter l'intolérable, comme la violence, le crime, les manifestations de haine, qu'elles soient physiques ou verbales. Il est essentiel de dire « non » à ceux qui mettent en danger la démocratie et le vivre ensemble.

Les gestes de tous les jours sont très importants ! C'est par les petites attentions quotidiennes que l'on manifeste son respect aux autres.

A-t-on le droit d'insulter les autres ?

Non ! Les injures prononcées en public, dans un journal ou sur un compte Internet public sont punies par la loi. En particulier, il est interdit d'insulter une personne en raison de la couleur de sa peau, de sa religion, ou d'une autre spécificité. Tous les êtres humains, hommes et femmes, de toutes origines, sont égaux et ont droit au respect !

Les scientifiques l'ont prouvé : il n'existe qu'une seule race humaine. L'idée même de racisme est donc absurde et repose sur des préjugés.

De nombreuses associations combattent activement le racisme.

Qui lutte contre le racisme ?

Certaines personnalités sont connues pour leur engagement contre le racisme. Le pasteur afro-américain Martin Luther King (1929-1968) a lutté pour les droits civiques aux États-Unis : grâce à lui, les Noirs ont eu le droit de monter dans le même bus que les Blancs et d'entrer dans les mêmes restaurants. En 2015, après une tuerie raciste, Barack Obama, premier président afro-américain, a affirmé que son pays n'était pas encore guéri du racisme. Il reste encore beaucoup à faire.

Il y avait 340 000 centenaires dans le monde en 2012 ; on estime qu'ils seront 1 million en 2020, et 17 millions en 2098. La solidarité avec les anciens est donc de plus en plus indispensable !

Quelle est la devise de la France ?

« Liberté, égalité, fraternité » ! Tous les êtres humains sont égaux devant la loi, et doivent être traités de la même façon, dans le respect de leur dignité. Ils ont tous les mêmes droits et devoirs, quelles que soient leurs différences physiques, économiques et culturelles. Mais dans les faits, il existe beaucoup d'inégalités. Certains ont un travail et d'autres en cherchent, certains sont riches, d'autres non, etc.

Être au chômage et chercher un travail est une situation difficile qui provoque souvent le sentiment d'être inutile à la société.

Pour aider une association, on peut y travailler de façon bénévole ou donner un peu d'argent. Collecter ou distribuer des aliments, des vêtements : il existe toujours un moyen d'agir !

Aider les autres, c'est obligatoire ?

Oui. Par les impôts et la Sécurité sociale, nous payons pour que tout le monde ait accès à l'école, aux soins médicaux… Ceux qui travaillent cotisent pour financer la pension des retraités et l'indemnisation des chômeurs. C'est la solidarité nationale. Par ailleurs, de nombreuses personnes ont conscience qu'il faut aider les plus démunis. Elles se regroupent en associations qui soutiennent bénévolement les sans-abri, les gens très pauvres, les demandeurs d'asile…

Tous les membres d'une société sont liés les uns aux autres. La solidarité implique de pouvoir s'imaginer à la place de l'autre.

INCROYABLE !

Aux jeux Paralympiques de 2012, la Française Assia El Hannouni, championne handisport du 200 m, dans la catégorie des malvoyants, arrive première. Son guide, Gautier Simounet, partage avec elle la médaille d'or.

Tout le monde a-t-il un handicap ?

Non, tout le monde n'a pas de handicap. Mais la normalité n'existe pas non plus. Un handicap est une grande difficulté vécue par une personne. Elle peut être physique (impossibilité de marcher par exemple), sensorielle (cécité, surdité), ou psychique, comme l'autisme (difficultés de communication) et la trisomie 21. Certains handicaps sont invisibles, comme la surdité et l'autisme. On peut avoir un handicap de naissance ou après un accident.

Les jeux Paralympiques sont nés en 1960. Ils sont moins retransmis que les jeux Olympiques, mais montrent que les personnes affectées par un handicap sont capables de prouesses !

Selon le handicap, l'AVS peut noter le cours pour l'élève, lui réexpliquer les consignes ou l'aider pendant les repas. Son rôle est très précieux dans la scolarité de l'enfant !

Quelle aide les jeunes handicapés ont-ils à l'école ?

En 2005, la France a voté une loi pour que les personnes en situation de handicap puissent mieux s'insérer dans la société. Ainsi, à l'école, les auxiliaires de vie scolaire (AVS) aident ces enfants en fonction de leurs besoins. Ils facilitent aussi le dialogue avec les autres élèves, permettant aux uns et aux autres de mieux se comprendre.

S'il y a un plan incliné ou un ascenseur, une personne en fauteuil, une maman avec une poussette ou quelqu'un avec une jambe dans le plâtre se déplacent plus facilement.

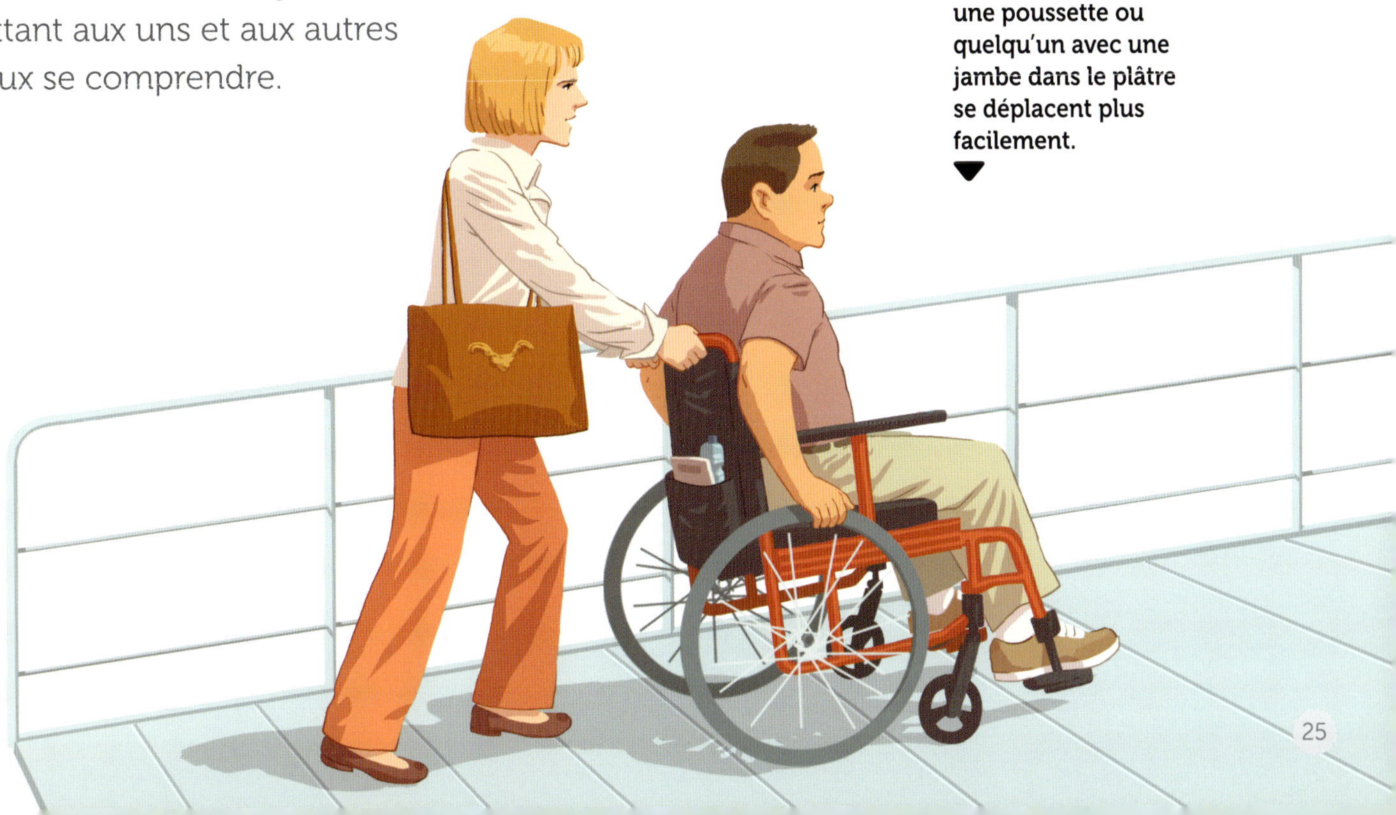

Peut-on s'habiller comme on veut ?

Les usages diffèrent selon les régions du monde et le milieu social où l'on se trouve. On ne se salue pas de la même façon dans tous les pays. On ne s'habille pas de la même façon sur la plage, à l'école ou pour une fête de famille. Les règles sociales ne sont pas partout les mêmes ! Pour les connaître, il faut observer la façon dont les gens se comportent autour de soi.

INCROYABLE !

Les codes vestimentaires varient selon les époques : sous Louis XIV, une femme du monde pouvait montrer la naissance de ses seins, mais pas ses chevilles. Il y a 100 ans, un maillot de bain deux pièces aurait fait scandale !

▲ Dans certains pays, ce sont les amoureux qui se tiennent par la main; dans d'autres, ce sont les garçons unis par un lien d'amitié.

Les autres ont-ils le droit de me toucher ?

Tout dépend de la manière et de l'endroit du corps. Faire une bise sur la joue pour dire bonjour, c'est permis. Caresser le bras est déjà un contact plus intime, et on peut le refuser si on le trouve gênant. Toute relation sexuelle avec un mineur de moins de 15 ans est interdite. La loi estime qu'avant cet âge, le jeune ne peut pas être d'accord. Il est important que la victime ose en parler.

Dans la relation amoureuse, la distance entre les individus se réduit marquant une intimité plus grande. Le regard participe de cette intimité. ▶

C'est quoi, être « connecté » au monde ?

C'est une autre façon d'être ensemble. Par Internet, les réseaux sociaux, les blogs, les sites, on peut partager ses passions, se faire des amis, recevoir et envoyer des informations, créer un album photo de ses dernières vacances, poster une vidéo du match de foot qu'on vient de gagner... C'est une richesse incroyable.

Dans les pays riches, (Europe, Amérique du Nord, Japon, Australie...), la plupart des gens ont Internet chez eux. L'Afrique est le continent où il reste le plus de zones pas encore connectées à Internet.

Qui sont les pirates du Net ?

Aujourd'hui, les pirates ne sont plus seulement sur les mers : ils sont aussi connectés au réseau Internet, dont ils connaissent très bien le fonctionnement. Certains ont de mauvaises intentions. C'est pourquoi il ne faut pas dévoiler sa vie privée sur les sites et les réseaux sociaux, ni poster des photos trop personnelles. Et quand on a un compte bancaire en ligne, il est essentiel d'apprendre son code secret par cœur et de ne pas l'écrire.

Faut-il préférer la vraie vie ?

Mieux vaut ne pas s'enfermer dans les écrans. La vraie vie, avec des gens que l'on rencontre physiquement, et les relations virtuelles peuvent être liées. Ainsi Internet permet de rester en contact avec un ami qui a déménagé, un cousin qui habite loin… À la première occasion, on les revoit pour passer un moment ensemble !

INCROYABLE !

Le distrait, le nez sur son écran, ne regarde pas où il met les pieds… Si on ne veut pas se faire de bosse, mieux vaut rester connecté à la réalité !

Lexique

Association
Ensemble de personnes qui se regroupent autour d'un objectif commun, sans vouloir gagner de l'argent. Il existe des associations sportives, culturelles ; d'autres qui aident des gens en difficulté… Les associations françaises obéissent à la loi de 1901.

Civilité
Ensemble de règles de vie en communauté, comme la politesse ou le respect. Il s'agit de petits gestes facilitant la vie de tous les jours, comme tenir la porte à quelqu'un ou dire bonjour !

Constitution
Texte fondamental qui fixe les grands principes de fonctionnement d'un État et auquel toutes les lois doivent se conformer. En France, la dernière version date de 1958.

Démocratie
Régime politique où le peuple élit les personnes qui vont le représenter et gouverner en son nom.

Égalité
Fait que tous les humains, quels que soient leur âge, leur sexe, leur couleur de peau aient tous les mêmes droits devant la loi. L'égalité est l'une des grandes valeurs de la République française.

Élection
Choix que font les électeurs, au cours d'un vote, pour désigner un ou plusieurs de leurs représentants. Les élections servent par exemple à élire les maires des communes, et le président de la République.

Enseignement
Le fait de transmettre des connaissances, de maître à élèves. Cela se fait en général à l'école. Cependant en France c'est l'enseignement qui est obligatoire, et non l'école : un enfant peut recevoir un enseignement de la part de ses parents, par exemple.

État
Organisation d'une société sur un territoire défini. Ce territoire est en général celui d'un pays.

Fraternité
Lien de solidarité qui existe entre les personnes d'une même société. La fraternité est l'une des grandes valeurs de la République française.

Homophobie
Attitude négative, parfois violente, envers les personnes qui sont amoureuses d'une personne de même sexe qu'elles.

Internet

Réseau informatique permettant aux personnes du monde entier possédant une connexion d'échanger des courriels, des fichiers et des informations.

Laïcité

Principe de séparation de l'Église et de l'État. Ce principe permet à toutes les religions d'avoir leur place en France, mais sans intervenir dans la direction de l'État. Tous les États ne sont pas laïcs.

Liberté

Fait de pouvoir agir, penser, s'exprimer sans subir de contrainte. La liberté est l'une des grandes valeurs de la République française.

Loi

Règle établie par la société. Dans une démocratie, les lois sont discutées et votées par le Parlement. Tout le monde doit obéir à la loi.

ONU (Organisation des Nations unies)

Organisation internationale qui regroupe quasiment tous les États de la planète et où sont discutées des décisions visant à maintenir la paix. Le siège de l'ONU est situé à New York.

Papiers

Documents officiels (carte de séjour, carte d'identité, passeport...) permettant à une personne de séjourner légalement dans un pays. On appelle « sans-papiers » les personnes immigrées ne possédant pas de document en règle.

Parlement

Institution qui regroupe l'Assemblée nationale et le Sénat. Le Parlement discute et vote les lois. C'est ce qu'on appelle le pouvoir législatif.

Politesse

Ensemble de comportements qui permettent aux individus de montrer qu'ils se reconnaissent et se respectent. La politesse est une sorte de complément des lois, même si elle n'en fait pas partie.

Président de la République

Personne élue pour diriger un pays. En France, le président de la République est élu pour cinq ans.

Sexisme

Attitude négative envers les personnes de l'autre sexe, fondée sur des idées reçues. En général on appelle sexisme le fait de considérer les femmes comme inférieures aux hommes.

Union africaine

Organisation regroupant plusieurs États du continent africain, et visant à développer la paix et les droits de l'homme.

Union européenne

Ensemble des 28 États d'Europe qui se sont regroupés pour former un groupe politique et économique.

MIXTE
Papier issu de sources responsables
FSC® C022030

Textes Sylvie Baussier
Illustrations Jean-Emmanuel Vermot-Desroches
Maquette Françoise Maurel
Relecture Karine Elsener
Photogravure Irilys

ISBN : 978-2-09-256427-1 – N° d'éditeur : 10260865
Dépôt légal : avril 2016
Achevé d'imprimer en décembre 2019 par Pollina (85400 Luçon, France) - 91953
Loi n°49-956 du 16 juillet 1949 sur les publications destinées à la jeunesse,
modifiée par la loi n°2011-525 du 17 mai 2011

mes-questions-reponses.fr
www.nathan.fr